MATTHIAS CLAUDIUS

Mich verlangt nach dir

Ein Lesebuch

Herausgegeben und mit einem Nachwort
versehen von Gerhard Henschel

| Hoffmann und Campe |

1. Auflage 2012
Copyright © für diese Ausgabe 2012
by Hoffmann und Campe Verlag, Hamburg
www.hoca.de
Satz: Kristina Kienast, Berlin
Gesetzt aus der Sabon
Einbandgestaltung: Katja Maasböl, Hamburg
Druck und Bindung: GGP Media GmbH, Pößneck
Printed in Germany
ISBN 978-3-455-40395-4

Ein Unternehmen der
GANSKE VERLAGSGRUPPE

INHALT

Kuckuck 9

Am Karfreitagmorgen 10

Was ich wohl mag 11

Der Schwarze in der Zuckerplantage 12

Die Henne 13

Als er sein Weib und 's Kind an ihrer Brust schlafend fand 14

An … als Ihm die … starb 15

An Johann Gottfried Herder 16

Im Junius 17

Phidile 18

An die Nachtigall 20

Die Mutter bei der Wiege 21

Die Leiden des jungen Werthers 22

Als der Hund tot war 24

Aus dem Englischen 25

Das unschuldige Mädchen 26

Ein Wiegenlied bei Mondschein zu singen 27

Der Frühling. Am ersten Maimorgen 30

Phidile, als sie nach der Copulation allein
in ihr Kämmerlein gegangen war 31

Nachricht vom Genie 33

Bei dem Grabe meines Vaters 34

Täglich zu singen 35

Nach der Krankheit 37

Kartoffellied 39

Abendlied 40

Ein Lied hinterm Ofen zu singen 42

Kriegslied 44

Der Mensch 46

An Johann Heinrich Voss 47

Die Mutter am Grabe 48

Der Vater 48

Bei ihrem Grabe 49

Der Bauer, nach geendigtem Prozeß 50

Urians Reise um die Welt 51

Eine Parabel 56

Frau Rebekka mit den Kindern 58

Eine Fabel 61

Als der Sohn unsers Kronprinzen,
gleich nach der Geburt, gestorben war 63

An Johann Friedrich Kleuker 65

Christiane 66

An Johannes Claudius 67

Der Tod 70

Die Liebe 70

An meinen Sohn Johannes 71

Die Sternseherin Lise 77

An Karoline Herder 78

An eine Freundin in Hamburg 80

Auf O – – o R – – s Grab 82

P** und C**** bei dem Begräbnis ihres J*** 83

Der Philosoph und die Sonne 85

Nachwort 86

Biographische Notiz 94

Zu dieser Ausgabe 95

Der Herausgeber 96

KUCKUCK

Wir Vögel singen nicht egal;
  Der singet laut, der andre leise,
Kauz nicht wie ich, ich nicht wie Nachtigall,
  Ein jeder hat so seine Weise.

AM KARFREITAGMORGEN

Bin die vorige Nacht unterwegs gewesen. Etwas kalt schien einem der Mond auf den Leib, sonst war er aber so hell und schön, daß ich recht meine Freude dran hatt', und mich an ihm nicht konnte satt sehen. Heut Nacht vor tausend acht hundert Jahren schienst du gewiß nicht so, dacht' ich bei mir selbst; denn es war doch wohl nicht möglich, daß Menschen im Angesicht eines so freundlichen sanften Mond's einem gerechten unschuldigen Mann Leid tun konnten! –

WAS ICH WOHL MAG

Ich mag wohl Begraben mit ansehn, wenn so ein rotgeweintes Auge noch einmal in die Gruft hinab blickt, oder einer sich so kurz umwendet, und so bleich und starr sieht und nicht zum Weinen kommen kann. 's pflegt mir denn wohl selbst nicht richtig in 'n Augen zu werden, aber eigentlich bin ich doch fröhlich. Und warum sollt' ich auch nicht fröhlich sein; liegt er doch nun und hat Ruhe! und ich bin darin 'n närrischer Kerl, wenn ich Weizen säen sehe, so denk' ich schon an die Stoppeln und den Erntetanz. Die Leut fürchten sich so vor einem Toten, weiß nicht warum. Es ist ein rührender heiliger schöner Anblick einer Leiche ins Gesicht zu sehen; aber sie muß ohne Flitterstaat sein. Die stille blasse Todesgestalt ist ihr Schmuck, und die Spuren der Verwesung ihr Halsgeschmeide, und das erste Hahnengeschrei zur Auferstehung.

DER SCHWARZE IN DER ZUCKERPLANTAGE

Weit von meinem Vaterlande
   Muß ich hier verschmachten und vergehn,
Ohne Trost, in Müh und Schande;
   Ohhh die weißen Männer!! klug und schön!

Und ich hab den Männern ohn Erbarmen
   Nichts getan.
Du im Himmel! hilf mir armen
   Schwarzen Mann!

DIE HENNE

Es war mal eine Henne fein,
Die legte fleißig Eier;
Und pflegte denn ganz ungemein
Wenn sie ein Ei gelegt zu schrein,
Als wär' im Hause Feuer.
Ein alter Truthahn in dem Stall,
Der Fait vom Denken machte,
Ward bös darob, und Knall und Fall
Trat er zur Henn' und sagte:
»Das Schrein, Frau Nachbarin, war eben nicht vonnöten;
Und weil es doch zum Ei nichts tut,
So legt das Ei, und damit gut!
Hört, seid darum gebeten!
Ihr wisset nicht, wie's durch den Kopf mir geht.«
Hm! sprach die Nachbarin und tät
Mit einem Fuß vortreten,
Ihr wißt wohl schön, was heuer
Die Mode mit sich bringt, ihr ungezognes Vieh!
»Erst leg' ich meine Eier,
Denn rezensier' ich sie.«

ALS ER SEIN WEIB UND 'S KIND
AN IHRER BRUST SCHLAFEND FAND

Das heiß' ich rechte Augenweide,
's Herz weidet sich zugleich.
Der alles segnet, segn' euch beide!
Euch liebes Schlafgesindel, euch!

AN ... ALS IHM DIE ... STARB

Der Säemann säet den Samen,
　Die Erd' empfängt ihn, und über ein kleines
　　Keimet die Blume herauf –

Du liebtest sie. Was auch dies Leben
　Sonst für Gewinn hat, war klein dir geachtet,
　　Und sie entschlummerte dir!

Was weinest du neben dem Grabe,
　Und hebst die Hände zur Wolke des Todes
　　Und der Verwesung empor?

Wie Gras auf dem Felde sind Menschen
　Dahin, wie Blätter! Nur wenige Tage
　　Gehn wir verkleidet einher!

Der Adler besuchet die Erde,
　Doch säumt nicht, schüttelt vom Flügel den Staub, und
　　Kehret zur Sonne zurück!

AUS EINEM UNDATIERTEN BRIEF
AN JOHANN GOTTFRIED HERDER

Fragen Sie nicht, warum ich so lange nicht geantwortet habe. Ich bin krank gewesen – hypochondrisch gewesen – verliebt gewesen – weiß selbst nicht warum – kurz und gut, ich verdiene deswegen zweimal 40 Streiche weniger eins. Ja, ja ist wahr, meine bonmots aus Adreßblatt und Zeitung sollen zusammengedruckt werden, und die wollt' ich mitschicken, sind aber noch nicht fertig, ist noch nicht daran angefangen. Ad vocem verliebt fällt mir ein, daß ich Sie wohl bei Ihrem Mädchen sehen möchte. Sie fallen ja wohl oft für Liebe auf die Erde und springen ja wohl oft für Liebe an die Decke und schreien wohl oft aus lautem Halse und verstummen wohl oft. Ihr Mädchen ist, hab ich gehört, aus Veilchenduft und Mondschein zusammengewebt; o du lieber Jüngling, wie gönne ich sie Dir so herzlich und Dich dem Mädchen! Meins ist ein ungekünsteltes Bauermädchen im wörtlichen Verstande, aber lieb hab ich sie darum nicht weniger, mir glühen oft die Fußsohlen für Liebe.

IM JUNIUS

Aber die Lenzgestalt der Natur ist doch wunderschön; wenn der Dornstrauch blüht und die Erde mit Gras und Blumen pranget! So 'n heller Dezembertag ist auch wohl schön und dankenswert, wenn Berg und Tal in Schnee gekleidet sind, und uns Boten in der Morgenstunde der Bart bereift; aber die Lenzgestalt der Natur ist doch wunderschön! Und der Wald hat Blätter, und der Vogel singt, und die Saat schießt Ähren, und dort hängt die Wolke mit dem Bogen vom Himmel, und der fruchtbare Regen rauscht herab –
    Wach auf mein Herz und singe
    Dem Schöpfer aller Dinge etc.
's ist, als ob Er vorüber wandle, und die Natur habe Sein Kommen von ferne gefühlt und stehe bescheiden am Weg in ihrem Feierkleid, und frohlockt!

PHIDILE

Ich war erst sechzehn Sommer alt,
   Unschuldig und nichts weiter,
Und kannte nichts als unsern Wald
   Als Blumen, Gras, und Kräuter.

Da kam ein fremder Jüngling her;
   Ich hatt' ihn nicht verschrieben,
Und wußte nicht wohin noch her;
   Der kam und sprach von Lieben.

Er hatte schönes langes Haar
   Um seinen Nacken wehen;
Und einen Nacken, als das war,
   Hab' ich noch nie gesehen.

Sein Auge, himmelblau und klar!
   Schien freundlich was zu flehen;
So blau und freundlich, als das war,
   Hab' ich noch keins gesehen.

Und sein Gesicht, wie Milch und Blut!
  Ich hab's nie so gesehen;
Auch was er sagte, war sehr gut,
  Nur konnt' ich's nicht verstehen.

Er ging mir allenthalben nach,
  Und drückte mir die Hände,
Und sagte immer O und Ach,
  Und küßte sie behende.

Ich sah ihn einmal freundlich an,
  Und fragt, was er meinte;
Da fiel der schöne junge Man
  Mir um den Hals, und weinte.

Das hatte niemand noch getan;
  Doch war's mir nicht zuwider,
Und meine beiden Augen sahn
  In meinen Busen nieder.

Ich sagt' ihm nicht ein einzig Wort
  Als ob ich's übel nähme,
Kein einzigs, und – er flohe fort;
  Wenn er doch wieder käme!

AN DIE NACHTIGALL

Er liegt und schläft an meinem Herzen,
Mein guter Schutzgeist fang ihn ein;
Und ich kann fröhlich sein und scherzen,
Kann jeder Blum' und jedes Blatts mich freun,
Nachtigall, Nachtigall, ach!
Sing mir den Amor nicht wach!

DIE MUTTER BEI DER WIEGE

Schlaf, süßer Knabe, süß und mild,
    Du deines Vaters Ebenbild!
Das bist du; zwar dein Vater spricht,
    Du habest seine Nase nicht.

Nur eben itzo war er hier
    Und sah dir ins Gesicht,
Und sprach: Viel hat er zwar von mir,
    Doch meine Nase nicht.

Mich dünkt es selbst, sie ist zu klein,
    Doch muß es seine Nase sein;
Denn wenn's nicht seine Nase wär,
    Wo hätt'st du denn die Nase her?

Schlaf, Knabe, was dein Vater spricht,
    Spricht er wohl nur im Scherz,
Hab immer seine Nase nicht,
    Und habe nur sein Herz!

DIE LEIDEN DES JUNGEN WERTHERS
Erster und zweiter Teil.
Leipzig, in der Weygandschen Buchhandlung.
1774

Weiß nicht, ob's 'n Geschicht oder 'n Gedicht ist; aber ganz natürlich gehts her, und weiß einem die Tränen recht aus 'm Kopf herauszuholen. Ja, die Lieb' ist 'n eigen Ding; läßt sich's nicht mit ihr spielen, wie mit einem Vogel. Ich kenne sie, wie sie durch Leib und Leben geht, und in jeder Ader zuckt und stört, und mit 'm Kopf und der Vernunft kurzweilt. Der arme Werther! Er hat sonst so feine Einfälle und Gedanken. Wenn er doch eine Reise nach Pareis oder Pecking getan hätte! So aber wollt' er nicht weg von Feuer und Bratspieß, und wendet sich so lange dran herum, bis er kaputt ist. Und das ist eben das Unglück, daß einer bei so viel Geschick und Gaben so schwach sein kann, und darum sollen sie unter der Linde an der Kirchhofmauer neben seinem Grabhügel eine Grasbank machen, daß man sich drauf hinsetze, und den Kopf in die Hand lege, und über die menschliche Schwachheit weine. – Aber, wenn du ausgeweinet hast, sanfter guter Jüngling! wenn du ausgeweinet hast; so hebe den Kopf fröhlich auf, und stemme die Hand in die Seite! denn es gibt Tugend, die, wie die Liebe, auch durch Leib und Leben geht, und in jeder Ader zuckt und stört. Sie soll, dem Vernehmen nach, nur mit viel Ernst und Streben errungen werden, und deswegen nicht sehr bekannt und beliebt sein; aber wer sie hat, dem soll sie auch dafür reichlich lohnen, bei Sonnenschein und Frost und Regen, und wenn Freund Hain mit der Hippe kommt.

ALS DER HUND TOT WAR

Alard ist hin, und meine Augen fließen
  Mit Tränen der Melancholie!
Da liegt er tot zu meinen Füßen!
  Das gute Vieh!

Er tat so freundlich, klebt' an mir wie Kletten,
  Noch als er starb an seiner Gicht.
Ich wollt' ihn gern vom Tode retten,
  Ich konnte nicht.

Am Eichbaum ist er oft mit mir gesessen,
  In stiller Nacht mit mir allein;
Alard, ich will dich nicht vergessen,
  Und scharr' dich ein

Wo du mit mir oft saß'st, bei unsrer Eiche,
  Der Freundin meiner Schwärmerei. –
Mond, scheine sanft auf seine Leiche!
  Er war mir treu.

AUS DEM ENGLISCHEN

Es legte Adam sich im Paradiese schlafen;
Da ward aus ihm das Weib geschaffen.
Du armer Vater Adam, du!
Dein erster Schlaf war deine letzte Ruh.

DAS UNSCHULDIGE MÄDCHEN

Meine Mutter sagt mir:
»Deine Lippen gab dir
Zum Sprechen, Tochter, die Natur,
Und zum Sprechen brauch sie nur.«
    Warum sind sie so rot?
Oh, ich konnte ja auch mit weißen Lippen so sprechen,
    Und warum gebot
Meine Mutter mir: nur zum Sprechen?
Wer zeigt mir armen Mädchen an,
Was mein Mund mehr als sprechen kann?

EIN WIEGENLIED BEI MONDSCHEIN ZU SINGEN

So schlafe nun du Kleine!
 Was weinest du?
Sanft ist im Mondenscheine,
 Und süß die Ruh.

Auch kommt der Schlaf geschwinder,
 Und sonder Müh:
Der Mond freut sich der Kinder,
 Und liebet sie.

Er liebt zwar auch die Knaben,
 Doch Mädchen mehr,
Gießt freundlich schöne Gaben
 Von oben her

Auf sie aus, wenn sie saugen,
 Recht wunderbar;
Schenkt ihnen blaue Augen
 Und blondes Haar.

Alt ist er wie ein Rabe,
 Sieht manches Land;
Mein Vater hat als Knabe
 Ihn schon gekannt.

Und bald nach ihren Wochen
  Hat Mutter mal
Mit ihm von mir gesprochen:
  Sie saß im Tal

In einer Abendstunde,
  Den Busen bloß,
Ich lag mit offnem Munde
  In ihrem Schoß.

Sie sah mich an, für Freude
  Ein Tränchen lief,
Der Mond beschien uns beide,
  Ich lag und schlief;

Da sprach sie! »Mond, o! scheine,
  Ich hab sie lieb,
Schein Glück für meine Kleine!«
  Ihr Auge blieb

Noch lang am Monde kleben,
  Und flehte mehr.
Der Mond fing an zu beben,
  Als hörte er.

Und denkt nun immer wieder
  An diesen Blick,
Und scheint von hoch hernieder
  Mir lauter Glück.

Er schien mir unterm Kranze
   Ins Brautgesicht,
Und bei dem Ehrentanze;
   Du warst noch nicht.

DER FRÜHLING. AM ERSTEN MAIMORGEN

Heute will ich fröhlich, fröhlich sein,
    Keine Weis' und keine Sitte hören;
Will mich wälzen und für Freude schrein,
    Und der König soll mir das nicht wehren;

Denn er kommt mit seiner Freuden Schar
    Heute aus der Morgenröte Hallen,
Einen Blumenkranz um Brust und Haar
    Und auf seiner Schulter Nachtigallen;

Und sein Antlitz ist ihm rot und weiß,
    Und er träuft von Tau und Duft und Segen –
Ha! Mein Thyrsus sei ein Knospenreis,
    Und so tauml' ich meinem Freund entgegen.

PHIDILE, ALS SIE NACH DER COPULATION ALLEIN IN IHR KÄMMERLEIN GEGANGEN WAR

Ach, Gottes Segen über dir,
   Weil du ihn mir gegeben,
Du schwarzer Mann! mein Herz schlug mir
   Nie so in meinem Leben.

Und meinem Wilhelm schlug es auch, –
   Als ihn der Pfarrer fragte
Und das nach hergebrachtem Brauch
   Von Glück und Unglück sagte;

Da sah' er her mit Ungestüm
   Als wollt' er mich umfangen,
Die hellen Tränen liefen ihm
   Wohl über seine Wangen –

Ja Wilhelm, ich bin auch bereit,
   Ich will dich nicht verlassen,
Von nun an bis in Ewigkeit
   Will ich dich nicht verlassen

Will immer um und bei dir sein,
   Will Not und Tod nicht scheuen.
Mein trauter Wilhelm! Du allein
   Kannst meine Seel erfreuen,

Und sollst allein, drauf ruf ich Gott
　　Zum Zeugen hier hernieder;
Und nimmt mich oder dich der Tod,
　　so finden wir uns wieder.

NACHRICHT VOM GENIE

Ein Fuchs traf einen Esel an,
Herr Esel, sprach er, jedermann
hält Sie für ein Genie, für einen großen Mann.
»Das wäre!« fing der Esel an,
»Hab doch nichts Närrisches getan!«

BEI DEM GRABE MEINES VATERS

Friede sei um diesen Grabstein her!
    Sanfter Friede Gottes! Ach, sie haben
Einen guten Mann begraben,
    Und mir war er mehr;

Träufte mir von Segen, dieser Mann,
    Wie ein milder Stern aus bessern Welten!
Und ich kann's ihm nicht vergelten,
    Was er mir getan.

Er entschlief; sie gruben ihn hier ein.
    Leiser, süßer Trost, von Gott gegeben,
Und ein Ahnden von dem ew'gen Leben
    Düft' um sein Gebein!

Bis ihn Jesus Christus, groß und hehr!
    Freundlich wird erwecken – ach, sie haben
Einen guten Mann begraben,
    Und mir war er mehr.

TÄGLICH ZU SINGEN

Ich danke Gott, und freue mich
    Wie 's Kind zur Weihnachtsgabe,
Daß ich bin, bin! Und daß ich dich,
    Schön menschlich Antlitz! habe;

Daß ich die Sonne, Berg und Meer,
    Und Laub und Gras kann sehen,
Und abends unterm Sternenheer
    Und lieben Monde gehen;

Und daß mir denn zumute ist,
    Als wenn wir Kinder kamen,
Und sahen, was der heil'ge Christ
    Bescheret hatte, Amen!

Ich danke Gott mit Saitenspiel,
    Daß ich kein König worden;
Ich wär geschmeichelt worden viel,
    Und wär vielleicht verdorben.

Auch bet ich ihn von Herzen an,
    Daß ich auf dieser Erde
Nicht bin ein großer reicher Mann,
    Und auch wohl keiner werde.

Denn Ehr und Reichtum treibt und bläht,
   Hat mancherlei Gefahren,
Und vielen hat's das Herz verdreht,
   Die weiland wacker waren.

Und all das Geld und all das Gut
   Gewährt zwar viele Sachen;
Gesundheit, Schlaf und guten Mut
   Kann's aber doch nicht machen.

Und die sind doch, bei Ja und Nein!
   Ein rechter Lohn und Segen!
Drum will ich mich nicht groß kastein
   Des vielen Geldes wegen.

Gott gebe mir nur jeden Tag,
   Soviel ich darf zum Leben.
Er gibt's dem Sperling auf dem Dach;
   Wie sollt er's mir nicht geben!

NACH DER KRANKHEIT
1777

Ich lag und schlief; da fiel ein böses Fieber
 Im Schlaf auf mich daher,
Und stach mir in der Brust und nach dem Rücken über,
 Und wütete fast sehr.

Es sprachen Trost, die um mein Bette saßen;
 Lieb Weibel grämte sich,
Ging auf und ab, wollt sich nicht trösten lassen,
 Und weinte bitterlich.

Da kam Freund Hain: »Lieb Weib, mußt nicht so grämen,
 Ich bring ihn sanft zur Ruh'«;
Und trat ans Bett, mich in den Arm zu nehmen,
 Und lächelte dazu.

Sei mir willkommen, sei gesegnet, Lieber!
 Weil du so lächelst; doch
Doch, guter Hain, hör an, darfst du vorüber,
 So geh und laß mich noch!

»Bist bange, Asmus? – Darf vorüber gehen
 Auf dein Gebet und Wort.
Leb also wohl, und bis auf Wiedersehen!«
 Und damit ging er fort.

Und ich genas! Wie sollt' ich Gott nicht loben!
  Die Erde ist doch schön,
Ist herrlich doch wie seine Himmel oben,
  Und lustig drauf zu gehn!

Will mich denn freun noch, wenn auch Lebensmühe
  Mein wartet, will mich freun!
Und wenn du wiederkömmst, spät oder frühe,
  So lächle wieder, Hain!

KARTOFFELLIED

Pasteten hin, Pasteten her,
 Was kümmern uns Pasteten?
Die Kumme hier ist auch nicht leer,
Und schmeckt so gut, als *bonne chère*
 Von Fröschen und von Kröten.

Und viel Pastet und Leckerbrot
 Verdirbt nur Blut und Magen.
Die Köche kochen lauter Not,
Sie kochen uns viel eher tot;
 Ihr Herren laßt euch sagen!

Schön rötlich die Kartoffeln sind
 Und weiß wie Alabaster!
Sie däu'n sich lieblich und geschwind
Und sind für Mann und Frau und Kind
 Ein rechtes Magenpflaster.

ABENDLIED

Der Mond ist aufgegangen,
Die goldnen Sternlein prangen
   Am Himmel hell und klar;
Der Wald steht schwarz und schweiget,
Und aus den Wiesen steiget
   Der weiße Nebel wunderbar.

Wie ist die Welt so stille,
Und in der Dämmrung Hülle
   So traulich und so hold!
Als eine stille Kammer,
Wo ihr des Tages Jammer
   Verschlafen und vergessen sollt.

Seht ihr den Mond dort stehen? –
Er ist nur halb zu sehen,
   Und ist doch rund und schön!
So sind wohl manche Sachen,
Die wir getrost belachen,
   Weil unsre Augen sie nicht sehn.

Wir stolze Menschenkinder
Sind eitel arme Sünder,
   Und wissen gar nicht viel;

Wir spinnen Luftgespinste
Und suchen viele Künste
   Und kommen weiter von dem Ziel.

Gott, laß uns d e i n Heil schauen,
Auf nichts Vergänglichs trauen,
   Nicht Eitelkeit uns freun!
Laß uns einfältig werden
Und vor dir hier auf Erden
   Wie Kinder fromm und fröhlich sein!

* * *

Wollst endlich sonder Grämen
Aus dieser Welt uns nehmen
   Durch einen sanften Tod!
Und, wenn du uns genommen,
Laß uns in Himmel kommen,
   Du unser Herr und unser Gott!

So legt euch denn, ihr Brüder,
In Gottes Namen nieder;
   Kalt ist der Abendhauch.
Verschon' uns, Gott! mit Strafen,
Und laß uns ruhig schlafen!
   Und unsern kranken Nachbar auch!

EIN LIED HINTERM OFEN ZU SINGEN

Der Winter ist ein rechter Mann,
    Kernfest und auf die Dauer;
Sein Fleisch fühlt sich wie Eisen an
    Und scheut nicht süß noch sauer.

War je ein Mann gesund, ist er's;
    Er krankt und kränkelt nimmer,
Weiß nichts von Nachtschweiß noch Vapeurs
    Und schläft im kalten Zimmer.

Er zieht sein Hemd im Freien an,
    Und läßt's vorher nicht wärmen;
Und spottet über Fluß im Zahn
    Und Kolik in Gedärmen.

Aus Blumen und aus Vogelsang
    Weiß er sich nichts zu machen,
Haßt warmen Drang und warmen Klang
    Und alle warmen Sachen.

Doch wenn die Füchse bellen sehr,
    Wenn's Holz im Ofen knittert,
Und um den Ofen Knecht und Herr
    Die Hände reibt und zittert;

Wenn Stein und Bein vor Frost zerbricht
    Und Teich' und Seen krachen;
Das klingt ihm gut, das haßt er nicht,
    Dann will er sich tot lachen. –

Sein Schloß von Eis liegt ganz hinaus
    Beim Nordpol an dem Strande;
Doch hat er auch ein Sommerhaus
    Im lieben Schweizerlande.

So ist er denn bald dort bald hier,
    Gut Regiment zu führen.
Und wenn er durchzieht, stehen wir
    Und sehn ihn an und frieren.

KRIEGSLIED

's ist Krieg! 's ist Krieg! O Gottes Engel wehre,
    Und rede Du darein!
's ist leider Krieg – und ich begehre
    Nicht schuld daran zu sein!

Was sollt' ich machen, wenn im Schlaf mit Grämen
    Und blutig, bleich und blaß,
Die Geister der Erschlagnen zu mir kämen,
    Und vor mir weinten, was?

Wenn wackre Männer, die sich Ehre suchten,
    Verstümmelt und halb tot
Im Staub sich vor mir wälzten, und mir fluchten
    In ihrer Todesnot?

Wenn tausend tausend Väter, Mütter, Bräute,
    So glücklich vor dem Krieg,
Nun alle elend, alle arme Leute,
    Wehklagten über mich?

Wenn Hunger, böse Seuch' und ihre Nöten
    Freund, Freund und Feind ins Grab
Versammelten und mir zu Ehren krähten
    Von einer Leich' herab?

Was hülf' mir Kron und Land und Gold und Ehre?
  Die könnten mich nicht freun!
's ist leider Krieg – und ich begehre
  Nicht schuld daran zu sein!

DER MENSCH

Empfangen und genähret
   Vom Weibe wunderbar
Kömmt er und sieht und höret
   Und nimmt des Trugs nicht wahr:
Gelüstet und begehret
   Und bringt sein Tränlein dar;
Verachtet, und verehret;
   Hat Freude, und Gefahr;
Glaubt, zweifelt, wähnt und lehret,
   Hält nichts, und alles wahr;
Erbauet, und zerstöret;
   Und quält sich immerdar;
Schläft, wachet, wächst und zehret;
   Trägt braun und graues Haar.
Und alles dieses währet,
   Wenn's hoch kommt, achtzig Jahr.
Denn legt er sich zu seinen Vätern nieder,
   Und er kömmt nimmer wieder.

AUS EINEM BRIEF AN JOHANN HEINRICH VOSS
Wandsbeck, d. 23. Jan. [17]82

Bestohlen sind wir auch noch zu guter letzt in diesem Hause; ein sehr behender Dieb schleicht sich, als wir alle in der Stube am Tisch sitzen, in die Küche, und segelt mit einer kupfernen Teemaschine und andern Kleinigkeiten durchs Fenster wieder ab. Wir sind ihm eigentlich Dank schuldig, daß er uns für so wenig Schaden vorsichtig gemacht hat.

DIE MUTTER AM GRABE

Wenn man ihn auf immer hier begrübe,
    Und es wäre nun um ihn geschehn;
Wenn er ewig in dem Grabe bliebe,
    Und ich sollte ihn nicht wieder sehn,
       Müßte ohne Hoffnung von dem Grabe gehn – –

Unser Vater, o du Gott der Liebe!
    Laß ihn wieder auferstehn.

DER VATER

Er ist nicht auf immer hier begraben,
    Es ist nicht um ihn geschehn!
Armes Heimchen, du darfst Hoffnung haben,
    Wirst gewiß ihn wieder sehn,
       Und kannst fröhlich von dem Grabe gehen.
Denn die Gabe aller Gaben
    Stirbt nicht, und muß auferstehn.

BEI IHREM GRABE

Diese Leiche hüte Gott!
   Wir vertrauen sie der Erde,
Daß sie hier von aller Not
   Ruh', und wieder Erde werde.

Da liegt sie, die Augen zu
   Unterm Kranz, im Sterbekleide! ...
Lieg' und schlaf' in Frieden du;
   Unsre Lieb' und unsre Freude!

Gras und Blumen gehn herfür,
   Alle Samenkörner treiben,
Treiben – und sie wird auch hier
   In der Gruft nicht immer bleiben.

Ausgesä't nur, ausgesä't
   Wurden alle die, die starben;
Wind- und Regenzeit vergeht,
   Und es kommt ein Tag der Garben.

Alle Mängel abgetan
   Wird sie denn in bessern Kränzen
Still einhergehn, und fortan
   Unverweslich sein und glänzen.

DER BAUER, NACH GEENDIGTEM PROZESS

Gottlob, daß ich ein Bauer bin;
   Und nicht ein Advokat,
Der alle Tage seinen Sinn
   Auf Zank und Streiten hat.

Und wenn er noch so ehrlich ist,
   Wie sie nicht alle sind;
Fahr ich doch lieber meinen M...
   In Regen und in Wind.

Denn davon wächst die Saat herfür,
   Ohn Hülfe des Gerichts;
Aus Nichts wird Etwas denn bei mir,
   Bei ihm aus Etwas Nichts.

Gottlob, daß ich ein Bauer bin;
   Und nicht ein Advokat!
Und fahr ich wieder zu ihm hin;
   So breche mir das Rad!

**URIANS REISE UM DIE WELT,
MIT ANMERKUNGEN**

Wenn jemand eine Reise tut,
So kann er was verzählen;
Drum nahm ich meinen Stock und Hut,
Und tät das Reisen wählen.

    Tutti.
Da hat Er gar nicht übel dran getan;
Verzähl' Er doch weiter Herr Urian!

Zuerst ging's an den Nordpol hin;
Da war es kalt, bei Ehre!
Da dacht' ich denn in meinem Sinn,
Daß es hier besser wäre.

    Tutti
Da hat Er gar nicht übel dran getan;
Verzähl' Er doch weiter Herr Urian!

In Grönland freuten sie sich sehr,
Mich ihres Orts zu sehen,
Und setzten mir den Trankrug her;
Ich ließ ihn aber stehen.

　　　　Tutti.
Da hat Er gar nicht übel dran getan;
Verzähl' Er doch weiter Herr Urian!

　Die Esquimaux sind wild und groß,
Zu allem Guten träge;
Da schalt ich einen einen Kloß,
Und kriegte viele Schläge.

　　　　Tutti.
Da hat Er gar nicht übel dran getan;
Verzähl' Er doch weiter Herr Urian!

　Nun war ich in Amerika;
Da sagt' ich zu mir: Lieber!
Nordwestpassage ist doch da;
Mach dich einmal darüber!

　　　　Tutti.
Da hat Er gar nicht übel dran getan;
Verzähl' Er doch weiter Herr Urian!

　Flugs ich an Bord und aus ins Meer,
Den Tubus festgebunden,
Und suchte sie die kreuz und quer,
Und hab sie nicht gefunden.

Tutti.
Da hat Er gar nicht übel dran getan;
Verzähl' Er doch weiter Herr Urian!

Von hier ging ich nach Mexiko;
Ist weiter als nach Bremen,
Da, dacht' ich, liegt das Gold wie Stroh;
Du sollst 'n Sackvoll nehmen.

Tutti.
Da hat Er gar nicht übel dran getan;
Verzähl' Er doch weiter Herr Urian!

Allein, allein, allein, allein,
Wie kann ein Mensch sich trügen!
Ich fand da nichts als Sand und Stein,
Und ließ den Sack da liegen.

Tutti.
Da hat Er gar nicht übel dran getan;
Verzähl' Er doch weiter Herr Urian!

Drauf kauft' ich etwas kalte Kost,
Und Kieler Sprott und Kuchen,
Und setzte mich auf Extrapost,
Land Asia zu besuchen.

> Tutti.

Da hat Er gar nicht übel dran getan;
Verzähl' Er doch weiter Herr Urian!

Der Mogul ist ein großer Mann,
Und gnädig über Maßen,
Und klug; er war itzt eben dran,
'n Zahn ausziehn zu lassen.

> Tutti.

Da hat Er gar nicht übel dran getan;
Verzähl' Er doch weiter Herr Urian!

Hm! dacht ich, der hat Zähnepein,
Bei aller Größ' und Gaben! –
Was hilfts denn auch noch: Mogul sein?
Die kann man so wohl haben.

> Tutti.

Da hat Er gar nicht übel dran getan;
Verzähl' Er doch weiter Herr Urian!

Ich gab dem Wirt mein Ehrenwort,
Ihn nächstens zu bezahlen;
Und damit reist' ich weiter fort
Nach China und Bengalen.

    Tutti.
Da hat Er gar nicht übel dran getan;
Verzähl' Er doch weiter Herr Urian!

Nach Java und nach Otaheit,
Und Afrika nicht minder;
Und sah bei der Gelegenheit
Viel Städt' und Menschenkinder;

    Tutti.
Da hat Er gar nicht übel dran getan;
Verzähl' Er doch weiter Herr Urian!

Und fand es überall wie hier,
Fand überall 'n Sparren,
Die Menschen grade so wie wir,
Und ebensolche Narren.

    Tutti.
Da hat Er übel übel dran getan;
Verzähl' Er nicht weiter Herr Urian!

EINE PARABEL

Es war eine Zeit, wo die Menschen sich mit dem, was die Natur brachte, behelfen, und von Eicheln und andrer harter und schlechter Kost leben mußten. Da kam ein Mann, mit Namen Osiris, von ferne her und sprach zu ihnen: Es gibt eine bessere Kost für den Menschen, und eine Kunst sie immer reichlich zu schaffen; und ich komme, euch das Geheimnis zu lehren. Und er lehrte sie das Geheimnis, und richtete einen Acker vor ihren Augen zu, und sagte: »Seht, das müßt ihr tun! Und das übrige tun die Einflüsse des Himmels!« Die Saat ging auf und wuchs und brachte Frucht, und die Menschen waren des sehr verwundert und erfreuet, und baueten den Acker fleißig und mit großem Nutzen. In der Folge fanden einige von ihnen den Bau zu simpel, und sie mochten die Beschwerlichkeiten der freien Luft und Jahrzeiten nicht ertragen. Kommt, sprachen sie, laßt uns den Acker regelrecht und nach der Kunst mit Wand und Mauern einfassen und ein Gewölbe darüber machen, und denn darunter mit Anstand und mit aller Bequemlichkeit den Ackerbau treiben; die Einflüsse des Himmels werden so nötig nicht sein, und überdem sieht sie kein Mensch. Aber, sagten andere: Osiris ließ den Himmel offen, und sagte: »das müßt ihr tun! Und das übrige tun die Einflüsse des Himmels!« Das tat er nur, antworteten sie, den Ackerbau in Gang zu bringen; auch kann man noch den Himmel an dem Gewölbe malen. Sie faßten darauf ihren Acker regelrecht und nach der Kunst mit Wand und Mauern ein, machten ein Gewölbe darüber und malten den Himmel daran. – Und die Saat wollte nicht wachsen! Und sie bauten, und pflügten, und düngten, und ackerten hin und her. – Und die Saat wollte nicht wachsen! Und sie ackerten hin und her.

Und viele von denen, die umherstanden und ihnen zusahen, spotteten über sie! Und am Ende auch über den Osiris und sein Geheimnis.

FRAU REBEKKA MIT DEN KINDERN, AN EINEM MAI=MORGEN

Kommt Kinder, wischt die Augen aus,
    Es gibt hier was zu sehen;
Und ruft den Vater auch heraus ...
    Die Sonne will aufgehen! –

Wie ist sie doch in ihrem Lauf
    So unverzagt und munter!
Geht alle Morgen richtig auf,
    Und alle Abend unter!

Geht immer, und scheint weit und breit
    In Schweden und in Schwaben,
Dann kalt, dann warm, zu seiner Zeit,
    Wie wir es nötig haben.

Von ohngefähr kann das nicht sein,
    Das könnt ihr wohl gedenken;
Der Wagen da geht nicht allein,
    Ihr müßt ihn ziehn und lenken.

So hat die Sonne nicht Verstand,
    Weiß nicht, was sich gebühret;
Drum muß Wer sein, der an der Hand
    Als wie ein Lamm sie führet.

Und der hat Gutes nur im Sinn,
  Das kann man bald verstehen:
Er schüttet seine Wohltat hin,
  Und lässet sich nicht sehen;

Und hilft und segnet für und für,
  Gibt jedem seine Freude,
Gibt uns den Garten vor der Tür,
  Und unsrer Kuh die Weide;

Und hält euch Morgenbrot bereit,
  Und läßt euch Blumen pflücken,
Und stehet, wenn und wo ihr seid,
  Euch heimlich hinterm Rücken,

Sieht alles was ihr tut und denkt,
  Hält euch in seiner Pflege,
Weiß was euch freut und was euch kränkt,
  Und liebt euch allewege.

Das Sternenheer hoch in der Höh,
  Die Sonne die dort glänzet,
Das Morgenrot, der Silber=See
  Mit Busch und Wald umkränzet,

Dies Veilchen, dieser Blütenbaum
  Der seine Arm ausstrecket,
Sind, Kinder! »seines Kleides Saum«,
  Das ihn vor uns bedecket;

Ein »Herold«, der uns weit und breit
 Von ihm erzähl' und lehre;
Der »Spiegel seiner Herrlichkeit«;
 Der »Tempel seiner Ehre«,

Ein mannichfaltig groß Gebäu,
 Durch Meisterhand vereinet,
Wo seine Lieb und seine Treu
 Uns durch die Fenster scheinet.

Er selbst wohnt unerkannt darin,
 Und ist schwer zu ergründen.
Seid fromm, und sucht von Herzen ihn,
 Ob ihr ihn möchtet finden.

EINE FABEL

Vor etwa achtzig, neunzig Jahren,
  Vielleicht sind's hundert oder mehr,
  Als alle Tiere hin und her
Noch hochgelahrt und aufgekläret waren,
  Wie jetzt die Menschen ohngefähr;
  – Sie schrieben und lektürten sehr,
Die Widder waren die Skribenten,
Die andern: Leser und Studenten,
Und Zensor war: der Brummel=Bär. –

  Da kam man supplicando ein:
  »Es sei unschicklich und sei klein,
Um seine Worte und Gedanken
Erst mit dem Brummel-Bär zu zanken,
  Gedanken müßten zollfrei sein!«
  Der Löwe sperrt den Bären ein,
Und tat den Spruch: »Die edle Schreiberei
Sei künftig völlig frank und frei!«

  Der schöne Spruch war kaum gesprochen,
  So war auch Deich und Damm gebrochen.
Die klügern Widder schwiegen still,
Laut aber wurden Frosch und Krokodil,
Seekälber, Skorpione, Füchse,

Kreuzspinnen, Paviane, Lüchse,
Kauz, Natter, Fledermaus und Star,
Und Esel mit dem langen Ohr etc. etc.
Die schrieben alle nun, und lieferten Traktate:
Vom Zipperlein und von dem Staate,
Vom Luftballon und vom Altar,
Und wußtens alles auf ein Haar,
Bewiesens alles sonnenklar,
Und rührten durcheinander gar,
Daß es ein Brei und Greuel war.

Der Löwe ging mit sich zu Rate
    Und schüttelte den Kopf und sprach:
  »Die besseren Gedanken kommen nach;
Ich rechnete, aus angestammtem Triebe,
Auf Edelsinn und Wahrheitliebe –
    Sie waren es nicht wert die Sudler, klein und groß;

Macht doch den Bären wieder los!«

ALS DER SOHN UNSERS KRONPRINZEN, GLEICH NACH DER GEBURT, GESTORBEN WAR

Mit den vielen andern, Groß und Kleinen,
   Klag' ich schmerzlich deinen Tod;
Will bei deinem Sarge satt mich weinen
   Und die Augen rot.

Nicht: daß du dich nicht, nach Herzens=Gnüge,
   An die holde Mutter schmiegst,
Und daß du, statt freundlich in der Wiege,
   Tod im Sarge liegst; –

Hier ist Vorplatz nur, spät oder frühe
   Gehn wir alle weiter ein,
Und es lohnt sich wahrlich nicht der Mühe
   Lange hier zu sein;

Nicht: daß du des Vaters Glanz hienieden
   Und sein Königreich nicht sahst,
Und daß du die Krone, Dir beschieden,
   Nicht getragen hast; –

Ach, die Kronen sind nicht ohne Bürden,
   Sind nicht ohn Gefahren, Kind!
Und es gibt für Menschenkinder Würden,
   Die noch größer sind;

Sondern: daß wir hier ein Land bewohnen,
   Wo der Rost das Eisen frißt,
Wo durchhin, um Hütten wie um Thronen,
   Alles brechlich ist;

Wo wir hin aufs Ungewisse wandeln,
   Und in Nacht und Nebel gehn,
Nur nach Wahn und Schein und Täuschung handeln,
   Und das Licht nicht sehn;

Wo im Dunkeln wir uns freun und weinen,
   Und rund um uns, rund umher,
Alles, alles, mag es noch so scheinen,
   Eitel ist und leer.

O du Land des Wesens und der Wahrheit,
   Unvergänglich für und für!
Mich verlangt nach dir und deiner Klarheit;
   Mich verlangt nach dir.

AUS EINEM BRIEF AN JOHANN FRIEDRICH KLEUKER
Wandsbeck, den 15. Juli 1796

Wir haben dieser Tage eine erwachsene, sehr geliebte Tochter an einem bösartigen Fieber verloren und sind sehr gebeugt. –

                                  Gott sei mit Ihnen.
                                      M. Claudius

CHRISTIANE

Es stand ein Sternlein am Himmel,
    Ein Sternlein guter Art;
Das tät so lieblich scheinen,
    So lieblich und so zart!

Ich wußte seine Stelle
    Am Himmel, wo es stand;
Trat abends vor die Schwelle,
    Und suchte, bis ichs fand;

Und blieb denn lange stehen,
    Hatt große Freud' in mir:
Das Sternlein anzusehen;
    Und dankte Gott dafür.

Das Sternlein ist verschwunden;
    Ich suche hin und her
Wo ich es sonst gefunden,
    Und find es nun nicht mehr.

AN JOHANNES CLAUDIUS
Wandsbeck, d. 12. Sept. 1799

Lieber Johannes,

Du hast den Wunsch, deine jetzige Laufbahn als Kaufmann aufzugeben und zum Studium zurückzukehren. Gegen und bei einer solchen Veränderung ist nun aber manches zu bemerken und zu bedenken, das ich als Vater Dir sagen und zu bedenken geben muß.

1. Du weißt, daß es nicht meine Absicht gewesen ist, daß Du Kaufmann würdest, sondern es ist Dein eigner freier Wille und Entschluß gewesen, den Du nun wieder ändern willst. Ein solches Wanken in seiner Entschließung ist überhaupt etwas bedenklich und, da die Gründe Deiner vorigen Entschließung nicht gegründet und fest gewesen sein müssen, so können die Gründe Deiner itzigen es vielleicht auch nicht sein und es veranlassen und bestimmen Dich vielleicht, ohne daß Du es selbst weißt, diese oder jene Unannehmlichkeiten Deiner itzigen Lage, die Du in der andern wohl und vielleicht zwiefach wiederfindest usw. Auch macht es

2. eine Art Übelstand vor den Leuten, wenn Du, nachdem Du einmal auf gute Art das väterliche Haus verlassen hast, auf den alten Fleck zurückkehrst.

3. Ich habe Dir schon immer gesagt, daß die Kosten Dei-

nes Studiums mir schwer fallen würden und Dich deswegen oft angefordert, Dich so zu perfectionieren, daß Du auf der Universität durch Unterricht an andere Dir und mir zu Hilfe kommen könntest. Diese Schwierigkeiten der Kosten treten itzo wieder ein und zwar stärker als vorher, da Du durch das kaufmännische Intermezzo von dem Unterricht=geben=können weiter entfernt worden bist als vorher; und wenn Du nun auch ausstudiert hast, so bist Du darum doch nicht geborgen. Auf Deinem itzigen Gange brauchst Du von uns gar nocht so viel und kannst, wenn Du fortfährst, Deine Sachen treu und fleißig zu tun, auf gewisse Weise als versorgt angesehen werden. Und dies alles ist

4. desto wichtiger auf den Fall, der doch nicht unmöglich ist, daß der liebe Gott mich bald von der Welt nehme.

5. ist die Güte Deiner Station ein Grund, sie nicht zu verlassen. Du hast es in allem Betracht so gut getroffen, wie es wenig treffen, hast einen sichern, braven Prinzipal, gute Leute auf dem Comtoir, freundliche Begegnung im Hause et. cet. et. cet.

6. ist die Sache, wenn sie einmal aufgegeben ist, nicht zu redressieren. Auch wird es mir

7. hart sein, Herrn Heise darüber den Antrag zu tun, da die Sache den Schein der Unerkenntlichkeit und Undankbarkeit für seine Vielgütigkeit und Freundschaft hat.

Indessen und bei dem allen, wenn Du wirklich an der Kaufmannschaft keine Freude und nicht genug hast und Dein Herz etwas Besseres und Edleres begehrt und sonderlich, wenn Du einen ernstlichen Trieb hättest, als Theologe Gutes in der Welt zu schaffen, als dazu itzo die rechte Zeit ist, so will ich Dich keineswegs zwingen, sondern gern die Hände bieten, soviel ich kann. Nun prüfe, überlege und bitte Gott, daß er Dich das Beste wählen läßt. Auf alle Fälle aber mußt Du Deines Ernstes sicher sein. Ich zweifle gar nicht, daß Du den Vorsatz habest, fleißig zu sein und Dich keine Mühe verdrießen zu lassen, aber man kann über die Beharrlichkeit nicht gewiß werden als durch Probe und Erfahrung, und es ist vernünftig und rätlich, daß Du diese Probe machest, ehe Du das Gute, das Du hast, aus den Händen gibst. Mache also die Probe an dem Latein, das für itzo eine Hauptsache für Dich ist, und versuche Dich darin in Deinen Freistunden. Ich will Dir die nötigen Bücher und Anleitung geben.

Dein treuer Vater M. C.

DER TOD

Ach, es ist so dunkel in des Todes Kammer,
    Tönt so traurig, wenn er sich bewegt
Und nun aufhebt seinen schweren Hammer
    Und die Stunde schlägt.

DIE LIEBE

Die Liebe hemmet nichts; sie kennt nicht Tür noch Riegel
    Und dringt durch alles sich;
Sie ist ohn Anbeginn, schlug ewig ihre Flügel
    Und schlägt sie ewiglich.

AN MEINEN SOHN JOHANNES
1799

> *Gold und Silber habe ich nicht;*
> *was ich aber habe, gebe ich dir.*

Lieber Johannes,

Die Zeit kommt allgemach heran, daß ich den Weg gehen muß, den man nicht wieder kömmt. Ich kann dich nicht mitnehmen; und lasse dich in einer Welt zurück, wo guter Rat nicht überflüssig ist.

Niemand ist weise von Mutterleibe an; Zeit und Erfahrung lehren hier und fegen die Tenne.

Ich habe die Welt länger gesehen, als du.

Es ist nicht alles Gold, lieber Sohn, was glänzet, und ich habe manchen Stern vom Himmel fallen und manchen Stab, auf den man sich verließ, brechen sehen.

Darum will ich Dir einigen Rat geben und Dir sagen, was ich funden habe, und was die Zeit mich gelehret hat.

* * *

Es ist nichts groß, was nicht gut ist; und ist nichts wahr, was nicht bestehet.

Der Mensch ist hier nicht zu Hause, und er geht hier nicht von ungefähr in dem schlechten Rock umher. Denn siehe nur, alle andren Dinge hiermit und neben ihm sind und gehen dahin, ohne es zu wissen; der

Mensch ist sich bewusst und wie eine hohe bleibende Wand, an der die Schatten vorüber gehen. Alle Dinge hiermit und neben ihm gehen dahin, einer fremden Willkür und Macht unterworfen, er ist sich selbst anvertraut und trägt sein Leben in seiner Hand.

Und es ist nicht für ihn gleichgültig, ob er rechts oder links gehe.

Laß Dir nichts weis machen, daß er sich raten könne und selbst seinen Weg wisse.

Diese Welt ist für ihn zu wenig, und die unsichtbare siehet er nicht und kennet sie nicht.

Spare dir denn vergebliche Mühe und tue dir kein Leid und besinne dich dein.

Halte dich zu gut Böses zu tun.

Hänge dein Herz an kein vergänglich Ding.

Die Wahrheit richtet sich nicht nach uns, lieber Sohn, sondern wir müssen uns nach ihr richten.

Was du sehen kannst, das siehe und brauche deine Augen, und über das Unsichtbare und Ewige halte dich an Gottes Wort.

Bleibe der Religion deiner Väter getreu und hasse die theologischen Kannengießer.

Scheue niemand so viel, als dich selbst. Inwendig in uns wohnet der Richter, der nicht trügt und an dessen Stimme uns mehr gelegen ist als an dem Beifall der ganzen Welt und der Weisheit der Griechen und Ägypter. Nimm es dir vor, Sohn, nicht wider seine Stimme zu tun; und was du sinnest und vorhast, schlage zuvor an deine Stirne und frage ihn um Rat. Er spricht anfangs nur leise und stammelt wie ein unschuldiges Kind; doch, wenn du seine Unschuld ehrst löset er gemach seine Zunge und wird Dir vernehmlicher sprechen.

Lerne gerne von anderen, und wo von Weisheit, Menschenglück, Licht, Freiheit, Tugend etc. geredet wird; da höre fleißig zu. Doch traue nicht flugs und allerdings, denn die Wolken haben nicht alle Wasser, und es gibt mancherlei Weise. Sie meinen auch, daß sie die Sache hätten, wenn sie davon reden können und davon reden. Das ist aber nicht, Sohn. Man hat darum die Sache nicht, daß man davon reden kann und davon redet. Worte sind nur Worte, und wo sie so gar leicht und behende dahin fahren, da sei auf deiner Hut, denn die Pferde, die den Wagen mit Gütern hinter sich haben, gehen langsameren Schrittes.

Erwarte nichts vom Treiben und den Treibern; und wo Geräusch auf der Gassen ist, da gehe fürbaß.

Wenn dich jemand will Weisheit lehren; da siehe in sein Angesicht. Dünket er sich noch; und sei er noch so gelehrt und noch so berühmt, laß und gehe seiner Kundschaft müßig. Was einer nicht hat, das kann er auch nicht geben. Und der ist nicht frei, der da will tun können, was er will, sondern der ist frei, der da wollen kann, was er tun soll. Und der ist nicht weise, der sich dünket, daß er wisse, sondern der ist weise, der seiner Unwissenheit inne geworden und durch die Sache des Dünkels genesen ist.

Was im Hirn ist, das ist im Hirn; und Existenz ist die erste aller Eigenschaften …

Wenn es dir um Weisheit zu tun ist, so suche sie und nicht das Deine, und brich deinen Willen, und erwarte geduldig die Folgen.

Denke oft an heilige Dinge, und sei gewiß, daß es nicht ohne Vorteil für dich abgehe und der Sauerteig den ganzen Teig durchsäuere.

Verachte keine Religion, denn sie ist dem Geist gemeint, und du weißt nicht, was unter unansehnlichen Bildern verborgen sein könne.

Es ist leicht zu verachten, Sohn; und verstehen ist viel besser.

Lehre nicht andre, bis du selbst gelehrt bist.

Nimm dich der Wahrheit an, wenn du kannst, und laß dich gerne ihrentwegen hassen; doch wisse, daß deine Sache nicht die Sache der Wahrheit ist, und hüte, daß sie nicht ineinander fließen, sonst hast du deinen Lohn dahin.

Tue das Gute vor dich hin, und bekümmre dich nicht, was daraus werden wird.

Wolle nur einerlei, und das wolle von Herzen.

* * *

Sorge für deinen Leib, doch nicht so, als wenn er deine Seele wäre.

Gehorche der Obrigkeit, und laß die andern über sie streiten.

Sei rechtschaffen gegen jedermann, doch vertraue Dich schwerlich.

Mische Dich nicht in fremde Dinge, aber die deinigen tue mit Fleiß.

Schmeichle niemand, und lass Dir nicht schmeicheln.

Ehre einen jeden nach seinem Stande, und laß ihn sich schämen, wenn ers nicht verdient.

Werde niemand nichts schuldig; doch sei zuvorkommend, als ob sie alle Deine Gläubiger wären.

Wolle nicht immer großmütig sein, aber gerecht sei immer.

Mache niemand graue Haare, doch wenn du Recht tust, hast du um die Haare nicht zu sorgen.

Mißtraue der Gestikulation, und gebärde dich schlecht und recht.

Hilf und gib gerne, wenn du hast, und dünke dir darum nicht mehr, und wenn du nicht hast, so habe den Trunk kalten Wassers zur Hand, und dünke dir darum nicht weniger.

Tue keinem Mädchen Leides, und denke, daß deine Mutter auch ein Mädchen gewesen ist.

Sage nicht alles, was du weißt, aber wisse immer, was du sagest.

Hänge dich an keinen Großen.

Sitze nicht, wo die Spötter sitzen, denn sie sind die elendesten unter allen Kreaturen.

Nicht die frömmelnden, aber die frommen Menschen achte, und gehe ihnen nach. Ein Mensch, der wahre Gottesfurcht im Herzen hat, ist wie die Sonne, die da scheinet und wärmt, wenn sie auch nicht redet.

Tue was des Lohnes wert ist, und begehre keinen.

Wenn du Not hast, so klage sie dir und keinem andern.

Habe immer etwas Gutes im Sinn.

* * *

Wenn ich gestorben bin, so drücke mir die Augen zu und beweine mich nicht.

Stehe deiner Mutter bei und ehre sie so lange sie lebt, und begrabe sie neben mir.

Und sinne täglich nach über Tod und Leben ob du es finden möchtest, und habe einen freudigen Mut; und gehe nicht aus der Welt, ohne deine Liebe und Ehrfurcht für den Stifter des Christentums durch irgend etwas öffentlich bezeuget zu haben.

Dein treuer Vater.

DIE STERNSEHERIN LISE

Ich sehe oft um Mitternacht,
 Wenn ich mein Werk getan
Und niemand mehr im Hause wacht,
 Die Stern' am Himmel an.

Sie gehn da, hin und her zerstreut
 Als Lämmer auf der Flur;
In Rudeln auch, und aufgereiht
 Wie Perlen an der Schnur.

Und funkeln alle weit und breit
 Und funkeln rein und schön;
Ich seh' die große Herrlichkeit
 Und kann mich satt nicht sehn ...

Dann saget unterm Himmelszelt,
 Mein Herz mir in der Brust:
»Es gibt was Bessers in der Welt
 Als all ihr Schmerz und Lust.«

Ich werf' mich auf mein Lager hin,
 Und liege lange wach,
Und suche es in meinem Sinn:
 Und sehne mich darnach.

AN KAROLINE HERDER
Wandsbeck, den 1. Febr. 1804

Friede dem Entschlafenen! –

Ihren Schmerz haben wir geteilt, liebe Frau Herder, und Ihren Verlust. Ich hätte ihn in dieser Welt gern noch einmal gesehen und gesprochen. Es sind nun über 30 Jahre, daß ich ihn zuerst sahe und lieb gewann. Ich hätte ihn gerne noch einmal gesprochen. Friede dem Entschlafenen! Er kommt nicht wieder zu uns, aber wir kommen zu ihm. Und das ist der Trost, mit dem Sie sich trösten müssen. Es gibt keinen andern, und ich denke, es brauche auch keinen andern, wenn der erste Choc vorüber ist, dem man sein Recht lassen muß.

Gott walte über Sie und Ihre Kinder. Grüßen Sie alle herzlich von uns, sonderlich den Wilhelm, den wir sehr bedauert haben, daß er sein liebes artiges Fräuchen so bald hat verlieren müssen. Meine Frau Rebecca kränkelt noch immer, doch fange ich an zu hoffen, daß sie den kritischen Zeitpunkt überstehen und will Gott noch einmal wieder gesund werden solle. Ich sähe sie auch ungern vor mir hingehen. Gottes Wille geschehe, der ist und bleibt immer der beste. Sie grüßt Sie und bedauert Sie herzlich und aberherzlich.

Gott sei mit Ihnen, liebe Frau Herder, und wen Sie uns einmal wieder schreiben, schreiben Sie uns doch etwas von Herders letztem Segen und Stunden.

Wir können nicht, aber wenn wir Ihnen und den Ihrigen dienen könnten, täten wir es gerne.

Matthias Claudius

**AUS EINEM BRIEF AN EINE FREUNDIN
IN HAMBURG**
Wandsbeck, d. 24. April 1808

Liebe betrübte Fanny!

Wir Endesunterschriebenen Nachbarn wissen aus Erfahrung, wie Ihnen zu Mute ist, und haben treues Mitleid mit Ihnen; Sie wissen auch, daß unter solchen Umständen alle Trostgründe aus dieser Welt kümmerlicher Behelf sind, und wollen Sie auch damit nicht trösten. In Sachen, wo es Ernst gilt, gibt es keinen andern Trost als in der Religion, deren Wert und Kraft man vorher schon kennt oder bei solcher Gelegenheit kennen lernt. Wenn uns von guter Hand gesagt wird, daß kein Haar von unserm Haupte fällt ohne den Willen des Vaters, so kann man fest vertrauen, auch wo man nicht versteht und bei seinen Wegen zu verlieren scheint. Und Ihr kleiner Fritz ist nicht verloren, er ist nur wie ein Vöglein über die Mauer in einen andern Garten geflogen und da sollen Sie ihn wieder haben. So gut er auch in Ihren Händen war, so ist er nun in bessern und er hat die lange gefährliche Reise nicht zu machen, von der man schwerlich mit der Unschuld zurückkömmt, mit der Ihr Fritz heimgezogen ist. Gönnen Sie ihm das und entbehren Sie seiner gern eine Zeit lang dafür. Als unsere Kinder starben, weinten wir auch um sie und doch nähmen wir sie, wenn es uns frei gestellt würde, nicht wieder zurück zu uns und denken lieber daran, zu ihnen zu gehen. So wird es Ihnen auch werden, wenn der erste Schmerz überstanden ist. Und das wünschen wir Ihnen, denn man befindet sich wohl dabei, wenn man die Augen nicht blos auf diese Welt richtet.

AUF O--O R--S GRAB

Aus einer Welt voll Angst und Not,
Voll Ungerechtigkeit, und Blut und Tod
   Flüchtete die fromme reine Seele
Sich ins beßre Land zu Gott;
   Und der Leib in diese dunkle Höhle,
   Auszuruhen bis zum Wiedersehn.
   O der Christ ist immer groß und schön,
Doch im Tod in seiner größten Schöne.
   Wandrer, bleib am Grabe stehn,
   Lerne hier, was eitel ist, verschmähn;
Weine eine stille Träne!
   Und denn kannst du weitergehn.

P** UND C**** BEI DEM BEGRÄBNIS IHRES J***

So wie ein Ackersmann die Saat
 Auf seinen Acker streut,
Und, wenn er sie gestreuet hat,
 Sich auf die Ernte freut;

So freuen auch mit Tränen wir
 Uns auf den Ernte=Tag,
Und bringen unsern Knaben hier
 Hin in sein Schlafgemach;

Daß er, nach Ungemach und Not,
 Die langsam ihn verzehrt,
Nun Ruhe habe, bis ihn Gott
 In seiner Ruhe stört;

Wenn die Triumph=Posaune schallt,
 Und er in seiner Gruft
Die Stimme hört, die mit Gewalt
 Durch alle Gräber ruft;

Und dann hervorgeht, jung und schön,
 Nachdem es Gott gefällt;
Und wir ihn fröhlich wiedersehn,
 In einer bessern Welt,

Wie wir ihn hier im Elend sahn,
    Und er uns ungetrübt,
Uns ohne Ende, lieben kann,
    Wie er uns hier geliebt. –

Schlaf wohl denn, bis die Stimme ruft!
    Wir gönnen dir dein Glück,
Und gehen heim von deiner Gruft,
    Und lassen dich zurück.

DER PHILOSOPH UND DIE SONNE

Der Philosoph.

Du edler Stern am hohen Himmelszelt,
  Du Herr und König deiner Brüder!
Du bist so gut gesinnt – du wärmest uns die Welt,
Und schmückst mit Blumen uns das Feld,
  Und machst den Bäumen Laub, den Vögeln
                                bunt Gefieder;
Du machst uns Gold, das Wunderding der Welt,
  Und Diamant, und seine Brüder;
  Kömmst alle Morgen fröhlich wieder,
  Und schüttest immer Strahlen nieder –
Sprich edler Stern am hohen Himmelszelt,
  Wie wachsen dir die Strahlen wieder?
Wie wärmest du? Wie schmückst du Wald und Feld?
Wie machst du doch in aller Welt
  Dem Diamant sein Licht, dem Pfau sein
                                schön Gefieder?
Wie machst du Gold?
Sprich liebe Sonn', ich wüßt' es gern.

Die Sonne.

Weiß ichs? Geh, frage meinen Herrn.

NACHWORT

Matthias Claudius war ein frommer Mann. Doch das allein besagt noch nichts: An frommen Männern hat es nie gefehlt, und allzu viele von ihnen haben sich stärker durch ihren Zorn auf die Unfrommen hervorgetan als durch die Tugenden, die Gläubige so gern für sich in Anspruch nehmen: Demut, Gottvertrauen und Nächstenliebe. Bereits die geheiligten Kirchenväter dachten, wie man ihren Schriften entnehmen kann, viel seltener an Gott als an Wein, Weib und Gesang und deren erbarmungslose Bekämpfung. Außerhalb des christlichen Kulturkreises bietet sich der Ayatollah Chomeini als herausragendes Beispiel für einen Frömmler an, der seinen Gelüsten frönte, indem er Prostituierte auspeitschen und sich selbst zugleich als gottesfürchtigen Mann verehren ließ.

Es geschieht den Gläubigen ganz recht, wenn man ihrer Frömmigkeit mit Unglauben begegnet. Um so wundersamer wirkt es, wenn einmal ein wahrhaft frommer Mann mit einer Stimme von den irdischen und von den letzten Dingen spricht, aus der kein falscher Zungenschlag herauszuhören ist. Aus den Gedichten, Betrachtungen und Briefen, die Claudius hinterlassen hat, tritt uns ein Mensch wie von einem anderen Stern entgegen, voller Freundlichkeit und hausväterlicher Güte, in gemessener Trauer über die menschliche Unzulänglichkeit, mit mildem Spott an die Adresse der Stürmer und Dränger und in Ergebenheit gegenüber dem Gott, an den er geglaubt hat.

In seiner Lebensspanne von 1740 bis 1815 sah Claudius das Zeitalter der Aufklärung und der Französischen Revolution heraufziehen; ihn erreichten die Nachrichten von der Schreckensherrschaft und der Selbstzerfleischung der Jakobiner, und er wich der Gewalt, als die Heere der mitteleuropäischen Mächte im Großraum Hamburg aufmarschierten. In unregelmäßigen Abständen gab er die Zeitschrift *Der Wandsbecker Bote* heraus und war im übrigen darauf bedacht, sich abseits zu halten, häuslich zu leben und dem lieben Gott durch Werke der Dichtkunst zu dienen. In der geistigen Welt machte er sich damit nicht überall beliebt. Wilhelm von Humboldt verhöhnte ihn als »völlige Null«, und für Goethe war er »ein Narr« und zudem »voller Einfaltsprätensionen«. Dennoch konnte Claudius neben vielen anderen Großen seiner Zeit – Herder, Lessing, Bürger, Hölty, Voß – auch Goethe als freien Mitarbeiter gewinnen, und es ist kein Zufall, daß der Nachruhm des *Wandsbecker Boten* im 20. Jahrhundert am kräftigsten durch Karl Kraus gefördert worden ist. In dem sanftmütigen Menschenfreund Claudius erblickte der gefürchtete Polemiker und Satiriker Kraus einen Seelenverwandten, der sein Auskommen und seine Erfüllung in der Sprache gefunden hatte. Kraus nannte ihn einen »der allergrößten deutschen Dichter« und druckte einige seiner

Verse im Weltkriegsjahr 1917 nach – »zur Mahnung, in welcher Zeit wir leben. (Sollte ein Volk, dem ein solcher Dichter verschollen ist, das ihn im Lesebuch begraben hat und so von ihm weglebt, nicht reif für Zwangsarbeit sein?)«

Wohlbekannt ist bis heute das »Abendlied«, zumindest auszugsweise, aber wer kennt noch »Die Sternseherin Lise«, »Bei dem Grabe meines Vaters« oder den Nachruf auf den treuen Hund Alard? Oder das bei Mondschein zu singende Wiegenlied mit seinem eigenartigen Verweis auf das hohe Alter des Mondes? »Alt ist er wie ein Rabe, / Sieht manches Land; / Mein Vater hat als Knabe / Ihn schon gekannt.« Über das wahre Alter des Mondes gingen die Meinungen der Astronomen zu Claudius' Lebzeiten weit auseinander, doch alle Erwachsenen dürften sich einig darüber gewesen sein, daß ein Menschenalter dagegen kaum in Betracht kam. Für das einschlummernde Kind wird hier jedoch ein unermeßlich großer Zeitraum abgesteckt: Wer selbst noch in der Wiege liegt, für den sind Vater und Mutter Gottheiten, deren eigene Kindheit sich in einer sagenhaft fernen Vergangenheit abgespielt haben muß. Und wenn bereits der Großvater als Knabe den Mond schon gekannt hat, dann ist aus der Sicht eines Kleinkinds ein Alter verbürgt, das annähernd an den Ursprung der Schöpfung hinabreicht.

Matthias Claudius besaß die Gabe, komplexe theologische Überlegungen in schlichte, menschenkindgerechte Worte zu fassen. Er war auch der einzige deutsche

Dichter von Rang, der sich zur Zeit der Befreiungskriege von dem Gedanken beschleichen ließ, daß der Waffengang unnennbares Leid mit sich bringen werde. »Was sollt' ich machen, wenn im Schlaf mit Grämen / Und blutig, bleich und blaß, / Die Geister der Erschlagnen zu mir kämen, / Und vor mir weinten, was?« Solche Gedankengänge waren den patriotischen Schlachtentrommlern Ernst Moritz Arndt und Theodor Körner und ihren zahllosen Epigonen fremd. Selbst Heinrich von Kleist, der sich in allen Regungen und Kammern des menschlichen Herzens auskannte, sonderte damals rüde Mord und Totschlag verherrlichende Verse ab. Aus dem lyrischen Schund jener Jahre ragt Claudius' Gedicht auf die Toten wie ein einsames Monument der Menschlichkeit empor.

Man solle unsere Vorfahren aus ihrer Zeit heraus begreifen: Das lernt man bereits im historischen Proseminar. Kleist, Arndt und Körner wußten noch nicht viel von der Genfer Konvention und anderen Maßnahmen zur Eindämmung der Kriegsgreuel. Ein Kind seiner Zeit war aber auch Claudius, und seinen Versen läßt sich entnehmen, daß ein Menschenherz auch damals schon zum Mitgefühl befähigt war. Man konnte sich, wenn man es wollte, durchaus in die Schmerzen der Sterbenden und in den Kummer der Hinterbliebenen einfühlen.

Es glühten ihm, schrieb Claudius, »oft die Fußsohlen für Liebe«, wenn er an seine Frau Rebecca denke. Die Überlieferung ist reich an Zeugnissen, die das stille

Glück seines Ehestands und die Beschaulichkeit seines Familienlebens belegen. Doch er sah sich auch schweren Prüfungen seiner Glaubensfestigkeit ausgesetzt. Als seine Tochter Christiane gestorben war, verglich er sie mit einem »Sternlein«, an dem er lange seine Freude gehabt habe: »Das Sternlein ist verschwunden; / Ich suche hin und her / Wo ich es sonst gefunden, / Und find es nun nicht mehr.« Es liegt kein Trost in dieser Totenklage, und gerade dieser Mangel verleiht ihr Würde und Aufrichtigkeit.

An anderer Stelle sprach Claudius davon, daß er seine verstorbenen Kinder nicht ins Leben zurückwünsche, sondern ihnen nachzufolgen und sie in einer besseren, jenseitigen Welt wiederzusehen hoffe. Das Diesseits erschien ihm hoffnungslos unzulänglich. »Und es ist hier in der Welt von Anfang bis zu Ende im Grunde nichts als Jammer und Krüppelei«, schrieb er 1812 an Georg Ludwig Bokelmann. Dem Sohn Johannes erteilte Claudius den Ratschlag: »Hänge dein Herz an kein vergänglich Ding.« In dem Lande, wo »der Rost das Eisen frißt« und alles »brechlich ist«, bleiben nicht viele Dinge übrig, wenn man die vergänglichen abzieht. Gelten ließ Claudius nicht mehr und nicht weniger als die reine, göttliche, alles durchdringende, ewiglich ihre Flügel schlagende Liebe selbst. Nicht einmal die im Einklang mit allen Geboten stehende körperliche Liebe zwischen christlichen Eheleuten schien ihn fröhlich stimmen zu können, ungeachtet der Fruchtbarkeit seiner eigenen Ehe. »Der Gedanke ans Begraben einer geliebten Frau ist mir seit langer Zeit süßer gewesen als der an die erste Nacht«, schrieb er 1768, als er noch ledig war, im Alter von 28 Jahren, und hier geht seine Religiosität nun doch ins Befremdliche über.

»Wie unaussprechlich süß ist jede Träne, die man beim Grabe oder überhaupt beim Unglück seines Freundes weint« – auch diese 1761 brieflich einem Freund anvertraute Bemerkung hat etwas Abgründiges. Der Anblick millionenschwerer, litfaßsäulenartig gewandeter Autowettrennfahrer, die sich bei der Siegerehrung gegenseitig Champagner ins Gesicht spritzen, mag in unseren Tagen wohl auch eingefleischte Hedonisten von den Vorzügen eines Lebens in klösterlicher Abgeschiedenheit überzeugen, aber selbst von dort wäre es noch ein weiter Weg bis hin zu der Unglückslust, die den jungen Claudius beseelte. In den Beileidsbriefen, die er in höherem Alter verfaßte, gestand er den Adressaten jedoch das Recht der Untröstlichkeit zu. Der Witwe Johann Gottfried Herders schrieb er 1804, »daß unter solchen Umständen alle Trostgründe aus dieser Welt kümmerlicher Behelf sind«.

Sein wacher Sinn für das menschliche Maß verhalf Claudius auch zu dem volksnahen, ungekünstelten Ton, der seine Sprache auszeichnet. Beispielhaft dafür ist eine Anekdote, die seine Biographin Annelen Kranefuss wiedergibt: »Gefragt nach dem Unterschied zwischen ihm und Klopstock, soll der alte Claudius geantwortet haben: ›Klopstock spricht folgendermaßen: *Du, der du weniger bist als ich und dennoch mir gleich, nahe dich mir und entlade mich, dich beugend, von der Last des ausatmenden Kalbfells! Ich dagegen sage nur: Johann, komm' und zieh mir die Stiefel aus!'«*

1978 hat der Germanist Ronald Schneider Claudius für die Linke zu retten versucht: »Seine Berufung auf das einfache Leben – häufig im traditionellen Topos von Hütte gegen Palast – läßt durchaus Raum für Kritik, zum Beispiel an der unmenschlichen Ausbeutung der Bauern.« Doch der Politik – und zumal allen umstürzlerischen Bestrebungen – stand Claudius zeitlebens weltenfern. »Von politischen Dingen«, teilte er 1813 dem Grafen Friedrich Leopold zu Stolberg mit, »wäre dermalen aus hiesiger Gegend auch manches zu schreiben; aber man schreibt nicht gerne dergleichen und wartet lieber ruhig ab, was der Himmel beschieden hat.« Auch wenn er einem schwarzen Sklaven in der Zuckerplantage eine Stimme gibt (»Du im Himmel! Hilf mir armen / Schwarzen Mann!«), übt er keine grundlegende Kritik an der paternalistischen Gesellschaftsordnung, die ihm gottgewollt erschien, und es ist schwerlich vorstellbar, daß er Gefallen an der Black-Panther-Bewegung gefunden hätte. Mitunter schlug er sogar Töne an, wie man sie auch von den unbedarftesten patriotischen Reimschmieden kennt: »Die Männer sollen, jung und alt! / Gut vaterländ'sch und tüchtig / Und bieder sein und kühn und kalt, / Die Weiber keusch und züchtig!« Von solchen Verirrungen in das ihm wesensfremde Gebiet der Wehrertüchtigung kehrte Claudius jedoch stets getreulich in seinen bescheidenen Elfenbeinturm zurück.

Sich selbst erkannte er in jenen »Lilien auf dem Felde« wieder, »die nicht nähen, auch nicht spinnen, noch Oberlandcommissarii sind – und unser himmlischer Vater nähret sie doch«. Und zu guter Letzt wäre Claudius wohl auch recht zufrieden mit dem Nachruf gewesen, den ihm der Graf Stolberg gewidmet hat:

Der Bote ging in schlichtem Gewand,
Mit geschältem Stab in der biederen Hand,
Ging forschend wohl auf und forschend wohl ab,
Von der Wiege des Menschen bis an sein Grab.
Er sprach bei den Frommen gar freundlich ein,
Bat freundlich die andern, auch fromm zu sein,
Und sahn sie sein redliches, ernstes Gesicht,
So zürnten auch selbst die Toren nicht.
Doch wußten nur wenige, denen er hold,
Daß im hölzernen Stabe gediegenes Gold,
Daß heimliche Kraft in dem hölzernen Stab,
Zu erhellen mit Lichte des Himmels das Grab.

BIOGRAPHISCHE NOTIZ

Matthias Claudius wurde am 15. August 1740 im holsteinischen Reinfeld als Sohn eines Pfarrers geboren.

1759   Beginn des Studiums der Theologie in Jena.

1760   Wechsel zur Juristischen Fakultät.

1764   Sekretär des Grafen Ulrich Adolph von Holstein in Kopenhagen.

1771–1775   Herausgeber des »Wandsbecker Boten«.

1772   Hochzeit mit Rebecca Behn.

1776   Umzug nach Darmstadt; Dienst in der Oberlandkommission.

1777   Rückkehr nach Wandsbek.

1784   Reise nach Schlesien, Weimar und Halberstadt.

1813   Flucht nach Schleswig-Holstein und Lübeck.

1814   Rückkehr nach Wandsbek.

1815   Tod am 21. Januar. Beisetzung in Wandsbek.

ZU DIESER AUSGABE

Nachdrucke aus:

Matthias Claudius, *Sämtliche Werke des Wandsbecker Boten.* 1.–3. *Band.* Eingeleitet von Peter Suhrkamp. Berlin 1941

Matthias Claudius: *Botengänge. Briefe an Freunde.* Hrsg. von Hans Jessen. Berlin 1967

Matthias Claudius, *Asmus und die Seinen. Briefe an die Familie.* Hrsg. von Hans Jessen und Ernst Schröder. Berlin-Steglitz 1940

Das »Abendlied« mit Korrekturen nach: *Geistliches Wunderhorn. Große deutsche Kirchenlieder.* Hrsg. von Hansjakob Becker u. a. München 2001, S. 380 f.

DER HERAUSGEBER

Gerhard Henschel, geb. 1962, ist freier Schriftsteller. Im Hoffmann und Campe Verlag erschienen der Briefroman *Die Liebenden* (2002), *Die wirrsten Grafiken der Welt* (2003), *Kindheitsroman* (2004), *Der dreizehnte Beatle* (2005), *Neidgeschrei. Antisemitismus und Sexualität* (2008), *Jugendroman* (2009), *Liebesroman* (2010) und *Zungenbrecher* (2012). Gemeinsam mit Kathrin Passig hat Gerhard Henschel Bob Dylans *Chronicles. Volume One* übersetzt. Zuletzt erschienen außerdem *Die Springer-Bibel* (2008), *Da mal nachhaken. Wissenswertes über Walter Kempowski* (2009) und *Menetekel. 3000 Jahre Untergang des Abendlandes* (2010).